初心者のための株式市場投資

By: ジョバンニ・リゲッターズ

目次

序章

経済的な生活について真剣に考え、将来のことを考え始める時が来ました。一生働ける人はいないし、そうしなければならない人はいません：人生を楽しみたい、家族との時間を大切にしたいし、体がいつまでも働かせてくれるわけではありません。また、最近では「古き良き時代」のように年金に頼ることはできません。

だから、富を築くための一歩を踏み出すのは、あなた次第であり誰でもないのです。そのプロセスは難しいものではありませんが、注意を払い、投資の勉強に時間を費やす必要があります。それを回避する方法はありません。

投資の手法は多くあり市場には多くの異なる投資口座がありますが、投資のジャングルから草を取ることは難しいものでも、複雑なものありません。楽しみながら始めて、個別企業に投資して次のレベルに持っていく可能性も高いです。

まずは「株とは何か」「株式市場とは何か」という基本的なことから始めなければなりません。どうやって儲けるのか、相場が暴落した場合はどうすればいいのかを掘り下げていきます。次に、人々が株式市場で行う一般的な誤解や間違いを見ていきましょう。楽園への道のりの中でこのジャングルを超えられるようになるために、私についてきてください。

第1章: 株とは何か？金持ちになるための最も簡単な方法!

株式は、単に会社の一部として位置づけられています。株式は所有権を表し、あなたが買える資産です。株式を所有する人々は、株主と呼ばれています。

例を見てみましょう。あなたの家族が8つのスライスのパイやピザを食べようとしている場合、誰もが少なくとも1ピースかスライスを取得します。8切れのうち、あなたは1切れ、お父さんは2切れです。

あなたは8枚のピザの12.5%、お父さんは8枚のピザの2/8、25%ということになります。

企業も同じようになりますが、8つの株の代わりに、数百万株、あるいは数十億株の株を持っています。

マクドナルドの発行済み株式数は7億9700万株。ウォルマートは29億株、フェイスブックは23億株の発行済み株式を持っています。

発行済み株式数とは、株式市場にある企業の株式の総量を説明する用語で、株主が自分たちの売買に使用します。株主は人であったり、さまざまな種類の機関であったりします。

また、世界中の企業の株式を購入することができるので、投資をする際には地域に縛られることはありません。ですから、オランダやブラジルの企業の株を買いたいと思ったら、買えます。

注意しなければならないのは、市場には成長株とインカム株の2種類があるということです。

テクノロジー企業のように株価が急上昇する企業は成長株で、例えば Facebook や Twitter などがそうです。これらの企業は急成長していて、儲けた利益は会社に還元され、さらなる成長と拡大のために活用されます。

私のお気に入りのインカム株は、定期的に株主に配当金を支払う株です。これは通常、四半期ごとに行われますが、毎月、半年ごと、年ごとに行われることもあります。

株主に収入を支払う余裕がある企業は、プロクター・アンド・ギャンブルやペプシ・カンパニーのような大規模な老舗企業です。

成長株と収益株の両方を保有することにはメリットがあります。成長株は価値が急上昇する可能性がありますが、ボラティリティが高く、リスクが高いという特徴があります。一方、インカム株は安定した配当金収入を得ることができますが、株式自体の価値が成長株ほど急上昇しない可能性があります。

この2つのタイプの株式に対して、投資家には成長投資家とバリュー投資家の2つのタイプがあります。

成長投資家は、キャピタルゲインとも呼ばれる株価の上昇を好んでいます。彼らはまた、より大きな報酬のために、より大きなリスクを取ることをより喜んでいます。

バリュー投資家は、企業のメトリクスや数字を分析するのが好きで、企業の株式を購入するのに適した時期になるまで待つことを厭いません。バリュー投資家は、一貫した業

績を上げている優良企業を発見するのが得意で、その市場で販売している製品やサービスに基づいて、将来的にも一貫した業績を維持している可能性が高い企業です。

株式の購入を開始するには大金を持っているか、億万長者である必要があると考えているかもしれません。それは全く真実ではありません、一企業の株式を購入することから始められます。

この文章を書いている最中に、ナイキの株が60ドル、コカ・コーラが46ドル、ツイッターが21ドルで売られていました。この3つの株の購入を推奨するものではありません。これは、何千もかけなくてもうまくいくという例です。

つまらない定義が終わったところで、株で金持ちになる方法を見てみましょう。

人々が金持ちになる方法は、主に次の4つです。

- キャピタルゲイン
- 配当金
- 空売り
- オプション取引

最後の2つは少しのスキルと作業が必要で、最初の2つほど受動的ではありません。

キャピタルゲインは、あなたの株式が価値を得るときです。この素晴らしさは、あなたが物理的な労働を実行しないということですが、すべて受動的です。

火曜日に 46 ドルのコカ・コーラ株を 10 株買ってあなたの株式は 460 ドルの価値があるとしましょう。金曜日には、株式は 52 ドルまで上昇しました。

株式（**資本**）はちょうど増加（**稼ぐ**）しました。あなたの投資は 520 ドルの価値があります。

つまり、あなたの資本は 60 ドル増加したことになります。今、100 または 1000 株を所有していた場合、その 6 ドルの増加はさらに魅力的に見えるでしょう。

配当金では、常に配当金を支払う株式を購入し、その配当金を再投資し、また、企業自体からの配当金の増加によって豊かになります。

配当金では、**雪だるま式**に効果があります。最初あなたの収入は低いですが、時間が経つと指数関数的に増加し、株式を売却することなく配当金収入を得ることができます。

豊かで裕福になるための投資は、長期的な目標でなければなりません。

第 2 章: 株式市場とは?

株式市場は、買い手と売り手が一堂に会して商品やサービスの取引を行う市場のようなものです。

自動車市場について考えてみましょう。あなたは、新しい赤い車に興味がある買い手です。熱心なセールスマンに会いに車の販売店に向かいます。彼らは最新の車種を示し、話をした後、新しい車と引き換えにお金を置いていくように説得します。

株式市場や証券取引所は同じように動作しますが、車の代わりに株式が製品になります。

北米で最もよく知られている 2 つの証券取引所は、ニューヨーク証券取引所とナスダックです。スナップチャット、アップル、スターバックスのような企業の株式を購入することができます。

ニューヨーク証券取引所とナスダックの主な違いの一つは、ニューヨーク証券取引所は伝統的な取引を提供し、ナスダックは電子取引であるということです。

伝統的な取引は、株式の買い手と売り手が取引所で注文を執行する対面取引です。ナスダックでは、すべての注文はコンピュータと電話を介して電子的に行われます。

多くの中小企業や新進気鋭の企業は、店頭取引や OTC で取引することができます。これは、投資家がペニー株を売買できる場所です。

過去の株式市場は、私たちの間でも金持ちと富裕層だけが利用できるものでした。しかし、ドアが庶民に開かれて以来、富の生産の主要な一つとなっています。

歴史の中で市場が暴落し、人々はお金のすべてまたはほとんどを失ってしまったことが何度もありました。多くの株主が退職金や財産を株式市場に投資しているので、株式市場のクラッシュは、多くの株主の中で恐怖心が芽生えます。

なぜ市場は上下に行き、数年ごとにクラッシュするのでしょうか？この説明のために、我々は短期と長期の両方を見ていかなければなりません。

短期的な市場の変動は、株主の投機、セクターに関する悪いニュース、政府の政策の変更、企業が予測された目標を達成したり超えたりするなど、あらゆるものによって引き起こされる可能性があります。

2006 年か 2007 年にニューヨークで人気のあるファーストフード店があったのを覚えていますが、その店はねずみの問題で閉店を余儀なくされました。

閉店した後も、ニューヨークの巨大なネズミが店内を行ったり来たりしていました。

このような悪いニュースは、株主をパニックに陥れ同社の株価は下落しました。

しばらくしてから株価は戻って上昇しました。おそらく私が話しているレストランを知っていると思いますが、クイック検索をオンラインで行わない場合は、Youtube を使ったほうがいいです。

株式市場の変動は、我々がいる市場のサイクルに影響されます。繁栄の時代には、株式市場は上昇傾向を意味する強気市場にあります。

経済的に苦しい時期や不安な時期には、株式市場は下降トレンドであるベアマーケットになりがちです。

株式を購入するだけでなく、市場で投資信託、債券、先物、オプション、コモディティ、インデックスファンドやETF が購入できます。

株式市場に上場している企業はすべて上場企業です。これらの企業は、その事業活動について株主に対し透明である必要があることを意味します。

上場企業はまた、年次報告書と一緒に 10Ks と呼ばれる 10Qs と年次報告書と呼ばれる四半期報告書を提示する必要があります。

証券取引所に上場するためには、プライマリー市場の民間企業が**株式を公開**し、あなたと私のような通常の投資家がアクセスできる市場であるセカンダリー市場でその株式を売買できるようにします。

企業が儲かるのは、株式を公開して株式を売ることによって、IPO の間だけです。そして、株主の手に渡り、お互いに取引ができるようになるのです。

もちろん、会社は株式の過半数の所有者であり続け、それが財務上また事業上必要な場合、会社は株式を買い戻すことができます。

長期的には偉大な富の構築者であることが証明されている
ので、株式市場に関与するすべての異なるリスクととも
に、多くの人々は投資を続けています。

第3章: 株式の買い方

1つの株や複数の株を買う前に、自分が到達したい目標を設定する必要があります。

退職のために投資をしていますか？早くお金を稼げると思って株を買いたいですか？それとも、苦い経験を積みたいと思っているのでしょうか？

あなたの目標は何か、という思慮深い質問に答えることで、どのようなタイプの投資家になるのか、どのくらいのお金が必要なのか、どのくらいの期間、購入を計画している株を保有するべきなのかが決まります。

この質問に答えることで、短期投資家なのか長期投資家なのかも決まります。

短期投資家は、同じ日や数週間の間に頻繁に売買を行います。このトレーダーは、デイトレーダーやスイングトレーダーと呼ばれています。低く買って高く売ったり、空売りしたりすることで、早くお金を稼ごうとします。彼らは、株式市場が開いている毎日の取引口座にいて、利益を上げる機会を探しています。

長期投資家は異なるアプローチを取ります。長期投資家は、株がどのように推移しているかに注目しています。しかし、彼らは5年、10年、またはそれ以上の多くの年のために株式を購入するという長期的なアプローチを取ります。あなたが退職のために投資する場合は、長期的なアプローチを取るでしょう。

また株式を購入する場合は、どのくらいのリスクを負っても構わないと思っているのか、自分自身に尋ねる必要があ

ります。注意していない場合、株式市場は非常に揮発性であることができ、多額のお金を失う可能性があります。

遊ぶお金を持っていて市場の短期的なアップとダウンスイングを気にしない若い投資家であれば、あなたはリスクのかなりの量を取ることができます。

しかし、定年が近く、資金を温存して増やしたいと考えているのであれば、投資や株の購入にはもっと慎重になるべきです。

ファイナンシャル・アドバイザーやファイナンシャル・プランナーに相談するのも良いでしょう。

投資を始めるには投資口座が必要です。この口座では、株式と呼ばれる普通株を売買することができます。市場に多くの種類のアカウントがありますが、より顕著なものは、401k、IRA、ロス IRA、伝統的な証券口座、403b、および教育貯蓄口座、また ESA と呼ばれています。

401k と 403b は、雇用主がこれらの口座に登録することを決定した場合にのみ、雇用主を通じて利用できます。企業はまた、計画に参加する従業員のモチベーションを高めるために、特定の一致率やドルの量を提供しています。401k または 403b に提供できますが制限があります。

IRA は個人の退職金口座の略であり、Roth IRA は、投資会社、銀行、またはクレジットユニオンで設定できます。両方とも退職金口座です。

IRA と 401k の 3 つの違いは、限度額、会社とのマッチング、投資の選択肢の選択です。IRA と Roth IRA は、401k に

比べて常に限度額が低く、IRA はまた、企業の拠出金との
マッチングを提供していません。

IRA と Roth IRA が際立っているのは、好きなものに投資で
きる点です。401k を介して投資することは、会社が従業
員のために行うもので選択が常に制限されていますが、こ
れは目標日の退職基金、投資信託やインデックスファンド
の限られた選択であり、会社がその株式の一部を購入する
ことを許可しない限り、個別の株式から選択することはで
きません。

また、401k と IRA の両方を設定することも認められている
ので、どちらかを選ぶ必要はありません。

401k と IRA は、あなたが 59 才と 6 か月より前にお金を撤
回した場合、あなたにペナルティを科します。10%のペナ
ルティを受けると、多額の税金を支払う可能性が高くなり
ます。

これは、伝統的な証券会社のアカウントのステップです。
証券口座は、いつでもあなたのお金を引き出すことがで
き、キャピタルゲインと配当金に税金を支払いますが、
10%のペナルティで打撃を受けることはありません。

市場ですべて種類の異なるアカウントがあるため、その中
から 1 つを選択して始めるのは難しいかもしれませんの
で、私が何をしたかを教えてみましょう。最初に私は
401k に登録し、私の会社の一致を得てその後、割引ブロ
ーカーと Roth IRA を開設し、伝統的な証券会社のアカウン
トを開設しました。投資口座の保有数が制限されていない
ことを忘れないでください。

トップ証券会社は、次のとおりです:

- アリー
- E トレード
- TD アメリトレード

口座開設は本当に簡単です。投資サイトに向かい、"口座開設"ボタンをクリックするか、電話で問い合わせるだけで、口座開設のお手伝いをしてくれます。

株式を購入するには、株式を購入したい会社のティッカーシンボルを知っておく必要があります。ティッカーシンボルは、株式市場での会社のユニークな略語であり、例えば、ペプシ会社はティッカーシンボル **PEP**、アマゾンは **AMZN** であり、ウォルトディズニーは **DIS** です。

一度ティッカーシンボルがわかれば、株式の価格がいくらかと何株買いたいかを決める準備ができたことになります。証券会社のアカウントでログインして、取引オプションに移動し、購入したい株式数を入力します。

下の例では、コカ・コーラの株を 5 つ買うとします。ここで注文の種類を選択する必要があります。先に進み市場の注文を選択しましょう。つまり、現在市場に出ている価格で株を買うということです。

Action	Shares	Symbol	Price
Buy	5	KO	Market
Sell			Limit
Sell Short		Find Stock Symbol	Stop
Buy to Cover		Preferred Stock Format	Stop Limit
			Market on Close

Advanced Orders:

Preview Order
Disable Preview Step

その後注文をプレビューして、何を買っているのか、何株買っているのか、手数料は何か、取引手数料と注文の合計が表示されます。

Please Review Your Order Carefully

Account 38721196 - Individual Account

Action	Amount	Symbol	Description	Price	Duration	Qualifiers	
Buy	5 Shares	KO	COCA-COLA CO (THE)	Market	Day Order	None	Modify

Estimated Commission: $4.95
Estimated Order Total: $237.90

Place Order

注文を発注すると、月曜日から金曜日の午前9時30分（東部時間）までの通常時間内に取引をしていれば、注文はすぐに執行され、取引口座には購入した銘柄が反映されます。

なので、これはかなり簡単な作業です。しかし、重要なのは、企業のテクニカル分析とファンダメンタル分析の両方を見て、適切なタイミングで株を買うことです。

第4章: 株式市場はクラッシュする！あなたがすべきこと

株式市場の暴落は、多くのセクターや業界全体で株価が劇的かつ迅速に下落したときに発生します。この下落は、わずか数日ですぐに起こるか、または底を打つのに時間がかかることがあります。この下落があまりにも大きく、株価がさらに下落するのを防ぐために、株式市場は早期に閉鎖することになります。

株式市場の**補正**は、クラッシュと混同されるべきではありません。補正は、市場が過大評価されていると、それぞれの評価によって調整する必要があるときに行われます。相場の修正は頻繁に起こりますし、通常はあまり長くは続かず再調整が行われたときには、通常のビジネスに戻ります。

クラッシュはしかし、すべての地獄が緩むと空が落ちているときです。ニュースキャスターが世界の終わりを説くのを聞いたり、政治家が暴落の原因となった政策を非難したりするのを目にするでしょう。

株式市場の暴落は多くのイベントに影響される可能性があります：経済不況や不景気、国の不安定さや株主の投機が株式市場のバブルを形成するほど株式を買い占めなどです。

これは純粋に感情的であり、すべてのロジックは機能しません。バブルは常に破裂し、株主はパニックに陥って売り始める。これが起きたてもあなたはもちろん冷静でいる必

要があり、パニックになれば間違いを犯すことになります。

まず覚えておかなければならないのは、過去にも暴落はあったということです。それぞれが常に異なっていましたが、跳ね返すことができました。

短期投資家であれば、これは低い市場価格でそれらを買い戻し最終的に高い市場価格で売るよりも、株式を借りる行為である**空売り**を開始するのに適した時期であり、その差額はあなたの利益になります。

あなたが引退しているか、引退に近い場合は、お金はより安全な債券資産にする必要がありますので、あまり傷つく必要はありません。私は、債券、現金、マネーマーケット口座、貯蓄口座、および年金のような資産について話しています。

必要なのはごく一部の割合の株式だけです。長期投資家である場合は、一貫して毎週、隔週、あるいは毎月投資を購入するという投資戦略に固執し続けてください。

あなたがやっていることは、**ドルコスト平均化**と呼ばれています。これは、定期的に一定のドルを投資して投資を購入する場合です。あなたが雇用主を通じて401kに投資している場合は、あなたはすでにドルコスト平均化に参加している、小切手から取り出したお金は、市場で何が起こっているかに関係なく、毎週、隔週または毎月のベースで投資されているからです。

この利点は、あなたのお金は良い時と悪い時に投資されているので、感情を取り払うことです。そのため、平均化している高い時と安い時の両方で投資しています。

市場の暴落時に投資する最大の利点は、安く株を買うことができるということです。それは地元の店で、すべてのものが少なくとも 40％オフで販売されているようなもので。欲しかった新しい黒い靴は今や 60％オフになっています。買いたいと思っている新しい MacBook は 50％オフ。

私はほとんどの人がクラッシュ時に購入する胃袋を持っていないことを知っています、これはドルコストの平均化があなたの切実な友人であるときです。普通株が安い間に株式を購入できるようにすることも、元の投資額に受け取った利息である複利を後押しし、ちょうど受け取った最新の利息で複利されます。

つまり、言い換えれば、自分の利子に利子をつけているということです。

周りのみんながパニックになって損切り売りをして投資を失っている中、あなたは冷静にドルコスト平均法や割安な個別銘柄を手頃な価格で買って、長期的に保有することで資産を増やしているのです。

余談ですが配当金のある銘柄は、市場のリーダー的存在であることが多いのでしっかりと保有しておきましょう。これらの企業は、ほとんどのハイテク企業のように、無配当株に比べて、暴落時にはすぐに立ち直る傾向があります。

これらの企業から受け取る配当金はまた、クラッシュからの打撃を軽減するためのクッションとして機能します;マクドナルド、ペプシとナイキのような企業は、2008-09年の住宅暴落の間であっても配当金を支払い続けました。

株式市場の暴落の2つの例を見てみましょう。最初の例は、世界大恐慌につながった1929年の暴落です。さまざまな銀行家、投資会社、トレーダーが、非常に過大評価された株式の大きな塊を購入し、その後疑わしい個人投資家にこれらを販売することによって、市場を操作することに参加しました。あなたや私のような投資家です。

これらの企業は大量に株を購入していたため、常に株価を押し上げていました。個人投資家は、株価が急騰するのを見て、限界がないと思って買い増しを続けた。

個人投資家は、証券会社が提供する借り入れ金で投資できる**信用取引口座**を開設したこともありました。ほとんどの機関投資家はその報酬を得て、個人投資家に高値のついた株を残して市場から飛び出しました。

衰退が起こったとき、すべての出来事が速くなりました。投資家は借りたお金を返すために**マージンコール**で打撃を受けたので、人々はお金を失っただけでなく、仕事、退職後の富（もちろん株式市場に投資されていた）を失い、多くの人々は心を打ち砕かれました。

2つ目のクラッシュは、2000年代初頭のドットコム・クラッシュです。ドットコムバブルは**純粋に投機に基づいていました**。インターネットは、誰もがその一部を欲しがっていた新しいピカピカの物でした。誰もがおばあちゃんも、

ウェブサイトを立ち上げ、IPO を通じてセカンダリーマーケットで取引しようとしました。

これらの企業の多くは利益を上げることができなかったか、または赤字がほとんどでしたが、人々は気にしませんでした、ウェブサイトは、収益と費用のような伝統的な評価方法を使用するのではなく、どれだけクリックされたか、またどれだけウェブページの訪問者数が増えたかで評価されていました。

バブルの絶頂期には、トランプの家のようにすべてが崩れ落ちてきました。多くのスタートアップ企業がベンチャーキャピタルから数百万ドルの資金を得て、マイクロソフトやアップル、オラクルなどの当時のハイテク企業と同じくらいの規模になるという不可能な課題を抱えていました。

第 5 章: 株式市場でお金を稼ぐ方法

多くの投資家が株式市場で簡単にお金を稼ぎたいと思っていますが、どこから手をつけていいかわからない、どのように行動を起こせばいいかわからない、または他の成功している投資家がどのようにお金を稼いでいるのかを把握しようとしていますね。

投資家が株式市場に投資することによって豊かになることができた 2 つの最も簡単な方法を見てみましょう。幸いにも、あなたにもできます。投資家が株式市場でお金を稼ぐ 2 つの一般的な方法は、キャピタルゲインと配当金です。

キャピタルゲインの説明

お金を株式市場に投資しているとき、この資産の値は上下に動きます。**キャピタルゲイン**を受け取るとあなたのお金、つまり資本は増加し、値下がりすると推測通り**キャピタルロス**と呼ばれています。

お金が株式市場に投資されている限り、それはまだ実現**(未現実)**されていません。株式を売却して初めて実現します。

例を見てみましょう。取引手数料を考慮せずに、6,500 ドルを購入することになりました。これが、ナイキの株式資本の価値です。

数日後、株式のパフォーマンスをチェックすることにしました。ナイキの株価が 65 ドルから 61 ドルに下がったことに気づきました。つまり、資本金も 6,500 ドルから 6,100 ドルへと価値が下がりました。

400 ドルを失いましたが、これが資本の損失です。しかし
この章では、これはまだ株式市場に止まっているので、ま
だ未実現の資本損失であることを思い出しました。しばら
く待つことにして、数日後に株価は 65 ドルまで上昇し、
損益分岐点にいることに満足しています。

数日後、株価は 72 ドルに達し、初めての未実現キャピタ
ルゲインを経験したので、ナイキの株を売却することにし
ました。現在の株価 72 ドルで 100 株をすべて売却したの
で、現金口座に 7,200 ドルが入ったことになります（振込
手数料は考慮されていません）。売却することで、含み益
を実現キャピタルゲインに変わりました。

7200 ドル-6500 ドル＝700 ドル、何も肉体労働をしなくて
も、手っ取り早く 700 ドルを稼いだことになります。

さて、まだあなたが使用していた投資口座のタイプとどの
所得税のブラケットにあるかに応じて、キャピタルゲイン
の税金を支払う必要があります。

このように簡単に説明すると、多くのデイトレーダーやス
イングトレーダー、さらには長期投資家がどのようにして
お金を稼いでいるのかがわかります。彼らは、指標やパタ
ーンを見て株価チャートを分析し、株を売買するタイミン
グを決めるのです。

あなたは 100 のナイキで 700 ドルの利益を得ましたが、も
し 1000 株買ったらあなたの利益は 7000 ドルになっていた
でしょう!

お金に余裕があって、リスクを取るのが好きではなく、自
分の手に余るほど遊ぶ時間があるなら、そこにある非常に

リスクの高いペニー株に投資することで、すぐにかなりの
ペニーを稼ぐことができます。

配当金

投資家がお金を稼ぐ方法で2番目に多いのは、配当金を支
払う株から受け取る配当金です。

ここでは、ナイキの株を例にしてみましょう。あなたは
65ドルで100株を購入しましたが、キャピタルゲインの
ために売却するのではなく、1年間保有することにしまし
た。ナイキは1株あたり0.18ドルの配当金を1年間に4回
支払いました。100株で、四半期ごとに18ドル、または
合計72ドルを受け取ったことになります。

配当金の素晴らしいところは、この支払いが現金口座に入
金されるか、またはより多くの全体または端数株式を購入
するために再投資できるということです。全体と端数株式
からは、また配当金が出ます。

配当金にも欠点があります。配当金から受け取るお金は、
ほとんどの場合キャピタルゲインから受け取るよりもはる
かに低いです。配当金はまた長期的な戦略であり、一攫千
金ではありません。また多くの企業は、配当金で不完全で
す。いくつかの企業は常に配当金をカットし、他の企業は
完全に財政難の時代に配当金の支払いを停止します。いく
つかの企業は、配当金を増加させないか、または同じ配当
額を支払い続け増加させることはありません。

しかし、私は配当金のある銘柄が好きですが、特定の会社
の配当金のある銘柄だけが好きです。どの企業が買う価値
があるのか、ファンダメンタルズリサーチをしたり、配当

金の支払い履歴を分析したりしていますが、特に経済が混乱している時には、株価が暴落しても増配を続けている企業は要注意です。

Let's look at five dividend-paying stocks you should have on your watch list.

第1位 ナイキ - このアスレチックアパレルの小売業者は、特にアスリートに焦点を当てた製品を世界中で販売しています。しかし、このブランドはまだ非常に人気があるので、非アスレチックタイプでもナイキのアパレルでした。最大の収益源はフットウェア製品であり、その代表的なブランドであるジョーダンは常にホットケーキのように販売されています。

第2位：ペプシカンパニー - 多くの消費者は、ペプシカンパニーは飲料だけを所有していると考えていますが、フリトレーやクエーカーフーズなどの人気ブランドを所有しています。ペプシ・カンパニーは、高品質の消費財でブランドのポートフォリオを多様化するという素晴らしい事業をしてきました。

第3位は コカコーラ - 世界で最も認知されているブランドの一つであるこの会社は、ミニッツメイド、ビタミンウォーター、パワーレイドのような象徴的なコークブランド以外にも多くの追加ブランドを所有しています。

第4位は Realty Income - この不動産投資信託（REIT）には、ウオルグリーンズ、フェデックス、LA フィットネスなどのテナントが入っています。全国で事業を展開しており、さまざまな業界に分散しています。また、毎月配当金

を支払っているため、多くの投資家に人気のある配当会社です。

第5位 ファステラル - この退屈な会社は、産業用および建設用の消耗品を販売しています。ファステラルはテクノロジーのようなエキサイティングな業界ではありませんが、顧客と株主の両方に価値を提供することで、その真の一貫性でそれを補っています。

第6章: 配当金-パッシブインカムのための投資

受動的な収入を得るために投資をしたいのであれば、配当金を支払う株式に目を向けてみてはいかがでしょうか。

配当金とは何か、なぜ企業が株主にそれを与えるのか、そして長所と短所についてお話しします。最後に、あなたのウォッチリストに入れておくべき4つの素晴らしい配当銘柄をご紹介します。

配当金は、一貫した収入を得る素晴らしい方法です。企業は四半期ごとに株主に配当金を支払いますが、一部の企業は毎月、半年ごと、または毎年配当金を支払います。

配当金を受け取るとき、**現金口座**に入金されているか、それはより多くの全体または小数の株式の購入のために再投資されています。これは配当金再投資計画または**DRIP**と呼ばれています。

配当戦略の最終的な目標は、稼いだ収入を満たすか、またはそれを超える**配当金**を受け取ることです。あなたが引退し、これまで原株を売却することなく、配当所得をオフに生活することができるのは、この時点においてです。

またこれらの配当金は、購買力を維持するためにインフレよりも速く成長することも重要です。

配当金支払い株への投資を開始するために100万ドルが必要ですか？もちろん、そんなことはありません。配当金を支払う企業の株式を1〜2株購入するだけで始めることができます。

配当収入の多くを得ることができるので、投資に十分なお金を持っている場合は、それが役立ちます。あなたが所有する株式は、より多くの配当金が得られます。

例えば、コカ・コーラ社は四半期37セントの配当を出しており、これに1ドルと年間48セントを足した額が加算されます。

これは唯一1コーク株を所有していた場合に受け取るものですが、100株を所有していた場合は、年間148ドルを受け取ることになります。

配当金の効果を確認するには、考慮すべき点が3つあります。

1つ目は、もちろん一貫して配当銘柄を購入することです。2つ目は、受け取る配当金を再投資したり、配当金を支払う他の株式を購入するために使用する必要があること、3つ目は、投資する企業は、毎年インフレ率よりも速く配当金を成長させる必要があることです。

これらの3つの要因は、配当金収入が雪だるま式になります。配当金を支払う企業は、通常、優良企業です。つまり安定した大企業です。これらの企業は、ウォルマート、3M、プロクター＆ギャンブルなど、業界のトップ企業です。

これらの企業は成功したスタートアップ企業のように、ものすごい成長を経験しない傾向があります。

優良企業の多くは、多額のキャッシュを生み出し、それを配当金として株主に還元しています。

株主は企業への投資や信頼への返済として、企業に配当金を要求しますが、企業のリーダーには株式やオプションが与えられるため、配当金の恩恵も受けられます。

そこであなたの会社がアイスクリームを販売して地元で成功していて、全国展開を計画しているとしましょう。これを達成するためには、より多くの資本が必要なので、自社に投資する投資家とつながりますが、彼らは株式の形で所有権を望んでいます。

あなたの会社は株式を公開し、15年後には全国的に事業を拡大することができました。しかし、事業の成長は鈍化しています。

株式を保有していた投資家は、投資資金の一部を取り戻したいと考えています。そこで、あなたは投資家に配当金を支払うことを決定し、彼らは配当収入を取ることができますので、新しいビジネスチャンスにそれを投資します。

すべての会社がビジネスのライフサイクルを通過するため、すべての企業が配当金を支払うわけではないことに留意してください。

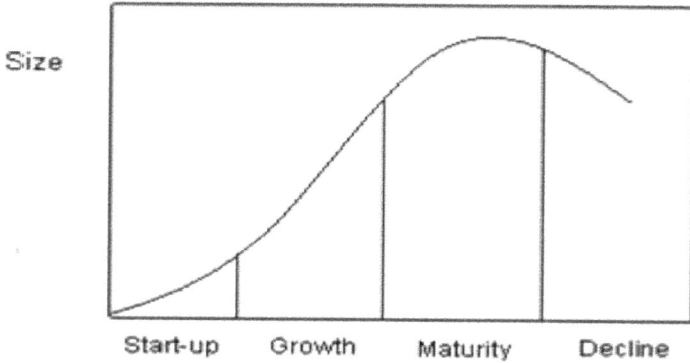

Business Life Cycle

Size

Start-up　Growth　Maturity　Decline

ビジネスは、まず作り手の頭の中にあるアイデアから始まります。それは、クリエイターのアイデアを信じて、一緒に働いている人々の小さなグループであるスタートアップの段階です。

それはまた、ベンチャーキャピタリストやエンジェル投資家がビジネスの可能性を見出すのもこの時点においてです。

すべての紆余曲折を乗り越え、失敗から学んだ後、会社は顧客基盤を持っている必要があります。それは今、成長段階に入ることができます。この段階ではまだ成長痛の多くがありますが、これはまた、会社が公開し、潜在的な株主に株式を発行することを決定する可能性がある場所です。

会社が生成するすべての収益は、会社をさらに成長させるために再投資されます、Snapchat のようなビジネスについて考えてみましょう。

企業は最終的にはその規模で十分に確立され、リーダーとなる成熟期に突入します。ほとんどの企業が株主に配当金

32

を支払い始めるのはこの段階のサイクルであり、ウォルマート・クロロックス、エクソンモービル、ジョンソン・エンド・ジョンソンのような企業でさえも同様です。

市場のリーダーであることは素晴らしいことですが、企業が注意していない場合、ウォークマンやポラロイドの写真のように、製品が時代遅れになってきている衰退サイクルにシフトします。

配当投資の長所：

配当は安定しており、キャピタルゲインよりもより多くの一貫性があります。現金の支払いから、また株価の上昇から利益を得ることができます。

これらの企業はより安定していると見られているため、投資家はリスクの高い株式を売却し、より安全で安定した企業や債券に投資することを検討するため、株式市場の暴落の間に良いパフォーマンスを発揮する傾向があります。

またキャピタルゲインで行うことは困難な配当収入を計画することができます。

配当金投資の短所は以下の通りです：配当金を支払う企業は、株式市場での評価が低くなる傾向があります。また、企業は配当金の支払いを削減したり、停止したりすることができ、一部の企業は配当金を成長させないこともあります。

したがって、健全な配当金を支払うだけでなく、これらの配当金を毎年成長させる財務能力を持っている配当金支払い優良企業にのみ投資することが重要です。

その中から 4 つの企業を見てみましょう:

第 1 位 ウォルマート - 世界中に店舗を持つ小売大手で、競争力のある価格で商品を提供することで顧客のコストを節約しています。 最近では、オンラインでの存在感を高めることに力を入れています。jet.com と宅配会社を買収し、即日配達を強化しています。

第 2 位 ロウズ - ホームセンターの第 2 位で、ホームセンターはもちろんホームデポが第 1 位です。ロウズはその分野で非常に良い実績をあげ、50 年以上もの間一貫して成長している配当金を支払うことができました。

第 3 位はマクドナルド - 金色のアーチは、特に若い世代がより健康的な食品やスナックを重視しているため、泥の中に引きずり込まれてきました。しかし、マクドナルドはいまだにナンバーワンのファストフード店であり、この巨人は四半期ごとに配当金を支払っています。

そして 4 番目。Fastenal - この退屈な会社は、企業が製品を作り、設備を構築し、維持するためのツールや機器を提供しており、また従業員の安全製品も販売しています。Fastenal は素晴らしいビジネスをしているだけでなく、リピーターもいます。企業にとって製品を購入するために常に戻ってくる顧客を持つことほど重要なことはありません。

第7章: 90%の投資家が犯す5つの過ち

ミスをすると頭を掻きむしって、何を間違えたのかを考えてしまいます。しかしさらに失敗を重ねると、必ず辞めたくなります。

そんなことにならないように、よくある5つのミスとは何かをお伝えしたいと思います。

その1：いわゆる金融や株式市場の達人

何を買えばいいのか、いつ売ればいいのかを教えてくれる、いわゆる人格者です。彼らはまた、予測を叫んで終わるかもしれません。

あなたに投資のアドバイスを与えているときには、常に慎重でなければなりません。時には、何を買うべきかをアドバイスする際には、金銭的なインセンティブが働くこともあります。

受け取った情報と、グルがあなたに売り込んでいる投資をポートフォリオに入れているかどうかを常に疑ってみてください。達人は、人々の恐怖や感情を利用して行動を起こさせる方法を知っています。

群集に従うことはまた非常に危険です。グルに従うのではなく、他のみんなに従うことになる。ですから家族や職場の同僚でさえ、何を買ったり売ったりするべきかを教えてくれる人がいたとしても、まず自分で調べもせずにその人たちの言うことを聞いてしまうのです。

これは非常に危険なことで、これがホットなヒントを聞くことによって、人々がお金を失う方法です。

群れに従うことを望んでいない、彼らは簡単に影響を受け、株式市場に投資することになると、彼らは唯一の感情に基づいて行動しています。群れは何であれ論理的ではなく、彼らは迅速に金持ちになることを望んで最新のトレンドに従います。

2番目：忍耐強くなく、すぐに豊かさを期待する

人々は豊かになるために株式市場に投資し、退職のために保存したり、彼らが蓄積してきた富を維持する。せっかちであることと、あまりにも早く結果を期待することは、失望し間違いを犯すことになります。

私たちの誰もが、少額の投資で何百万人もの投資家が儲けたという話を聞いたことがあります。大多数の投資家は長期的な投資をしていないと大きな利益を得ることができないため、この話の多くは異常なものです。

もちろん、短期間で大金を稼ぐことは可能ですが、それは非常にリスクが高いことでもあります。投資のリスクが高ければ高いほど、潜在的な報酬は高くなりますが、それが破滅につながる可能性もあります。

その3：投資のプロセスを楽しめない

投資について情熱的である必要はありませんが、投資に関心を持つ必要があります。どの企業に投資するかを決定するのに、デューデリジェンスが興味をスパークしない場合は、投資信託、ETFやインデックスファンドに受動的に投資することをお勧めします。

パッシブ投資家であることには何の問題もありませんし、投資を始めたばかりの方にもお勧めです。

私もそうやって投資信託や債券、インデックスファンドに投資を始めました。そのうちに、投資は難しくないし、面白いと思ったんです。その後は、パッシブな投資家からアクティブな投資家に転向し、投資したい企業をリサーチし、割安になったら購入し、資産配分を最新のものにするようにしています。

その4 市場での早すぎるあきらめ

私たちの多くは、市場で悪い経験をしたことがあるか、またはした人を知っています。

株式市場の暴落はあまりにも頻繁に発生し、投資家は失望し、イライラしストレスを残しています。

多くの投資家はまた、株式市場で暴落してしまう怪しい会社に投資するために詐欺に遭います。私の父のように、ある投資会社から連絡を受けて、成長が期待できる投資信託に投資するように言われました。

彼はすべてのお金を失うことになり、二度と投資しないことを誓いました。幸いなことに、私は彼のやり方の誤りを指摘し、彼は熱心な投資家になっています。特に企業を過大評価している時は、彼にあまりにも多くの株を買わないように落ち着かせる必要があります。

諦める準備ができていても、**あきらめない**でください。何を間違っていたかを把握し、必要に応じて助けを求めるようにしてください。株式市場は、富を築くための最良の方法の一つである。

その5: 目標を持たずに飛び込む

目標は成功への道しるべです。地図がなければ、目的地に
たどり着くことはできません。地図なしでカンザスからニュ
ューヨークまで旅行することを想像してみてください。手
の届くところに地図があれば、より快適な旅ができるでし
ょう。

これは投資にも当てはまります。目標を持つ必要がありま
す。生活のためにデイトレードを計画していますか？それ
ともペニー株に投資したいですか？もしかしたら、投資す
る時間軸は 10 年しかないかもしれません。

このことは投資戦略に影響を与えます。最初の計画なしに
開始し、テストすることは大丈夫です。しかし、すぐに資
産配分に大きな影響を与える長期的な目標が必要であるこ
とがわかります。

第8章：投資について語られてきた5つの嘘

投資について人々が言われてきた嘘はたくさんあります。これらの嘘の中には、自分で考えた嘘もあります。この嘘を言っている人は、より良いものを知らないか、彼らは自分自身が失敗し、あなたが失敗するのを見たくないので、人々は嘘をついてきました。

他の人は成功したのに、あなたが目標を達成するのを見たくないからです。だから今、投資について言われてきた5つの嘘を論破します。

その1：投資を始めるには億万長者になるか、大金を持っている必要がある

これは、今の時代には全く真実ではありません。はい、過去に株式市場は金持ちと裕福な人々のためだけにあったが、ドアは私たち庶民にかなり前から開かれています。

インターネット投資の助けを借りて、株式市場は今より多くのアクセスが可能になりました。リビングルームや寝室の快適な場所から株式を売買することができます。割引ブローカーはまた、株式を売買することは非常に手頃な価格になりました。以前は、株式を売買するために数百ドルを支払う必要がありました。今、**Robinhood** のようなアプリを使用している場合は、手数料は4.99ドル、あるいは無料のように低くすることができます。

また、株式を購入するために数千ドルを必要としません。ちょうど今46ドルの株価を持っているコカコーラのような会社で1株を購入することから始めることができます。

最初から100万ドルを投資するよりも、少額で始めた方が良いでしょう。その理由は、少額の資金で実験をして楽しみながら、市場の内外を学ぶことができるからです。

初めて100万ドルの投資をしたときのことを想像してみてください。おそらく、市場で一銭も損をしないことを期待して、怖がったり、慎重に資金を運用することになるでしょう。

その2: 投資を始めるのに十分な資金がない、または稼げない

さて、これは前回の嘘の続きです。たとえ週に10ドルだけであっても、脇に置いておくことができるどんな少額のお金でも、助けになります。この10ドルが年末には520ドルに加算され、520ドルで投資を始めることができます。今から投資のための貯蓄を始めれば、将来の自分が感謝してくれるでしょう。

週に数ドル節約するのを見てみましょう。週の間に外食を減らすことを意味するかもしれませんし、週に1回のスターバックスへ行く回数を減らすことを意味するかもしれません。もちろんスターバックスが好きな場合はの話です。

考え方の変化は驚異を行います。スペアに10ドルを持っていないと言うのではなく、どのように週に10ドルを節約することができますか？潜在意識をギアを上げて、理解するより早く、週に10ドル以上を節約することになるでしょう。

その3：長期的には市場は常に7%のリターンなので、今すぐ投資をしよう

3番は厄介なものです。ファイナンシャルアドバイザーはもちろん、メディアでもこれを言っている人の話を聞くことがあるでしょう。なぜこれに気をつけなければならないかというと、将来は予測できないからです。

誰もが市場が特定の年に何をするか、または返すかを予測することはできません。市場は昨年10%上昇した場合、それはそれが将来的には別の10%上昇することを意味するものではありません。市場が何をするかわからないので、裏で傍観していると、それ自体がリスクになります。

人は通常、長期的なリターンの話をすることで、気を楽にして投資に取り組むようにしています。傍観者のままでは、お金が成長しないだけでなく、毎年のインフレのために購買力を失うことになります。

その4．株式市場があまりにも危険なので投資しない

これは、嘘の3番にうまく続くものです。投資についての基本的な知識がなければ、リスクが高すぎますが、ファイナンシャルプランナーやアドバイザーの助けを借りれば怖がる必要はありません。また多くの投資家は、投資に関する本を読んだり、オーディオブックを聴いたりして、少なくとも自己啓発をしています。

何をするにもリスクがあることを覚えておいてください。もし投資をせずに、お金をマットレスの下に置いておくのであれば、泥棒や家の火事、さらには飼っている犬がお金

を食べてしまったり、シュレッダーにかけてしまったりするかもしれません。

銀行や普通預金口座にお金を残すことが方法であることを考えるならば、もう一度考えてみてください。稼ぐことを利子のわずか1%以下で、購買力はインフレによって食べられています。

平均的なインフレ率が年3%だとすると、今日の1ドルの価値は来年には3%減り、0.97ドルになります。

その5: 投資を始めるには専門家でなければならない

確かに株式市場がどのように動作するかについて、基本的な知識を持っている必要がありますが、始めるためにウォーレン-バフェットである必要はありません。本を読むことによって自分自身を教養を身に着ける（これは素晴らしいスタートです）。

自信をつけたら、少額を投資することから始められます。失っても気にしないお金。少額の投資をすることで、心理的に成長の準備ができます。

熱心な投資家によく言われているよくある嘘のいくつかを論破することで、モチベーションを上げれたことを願っています。

第 9 章: 25 株式市場の投資のヒント

投資を始める前には、いくつかの疑問や不安があるかもしれません。私が新しい投資家から気付いた最も一般的なことと、成功のために自分自身を設定する方法を 25 個挙げてみました。さっそく始めてみましょう

目標を書き出す

自分がどこに向かっているのかわからないのであれば、始める必要すらありません。投資目標を書き留めて、タイムラインを具体的にすることを確認してください。

15 年後に退職金口座に $ 50 万ドルを持っていたいですか？それとも 10 年後に 100 万ドルを持っていたいですか？

あなたの投資戦略は、この富を取得することになりますか？そして、有価証券のポートフォリオミックスはどのように見えるでしょうか？ポートフォリオは、70%の株式 25%の債券と 5%の現金で構成されますか？

目標を書き留めておくことで、達成したいことやその方法がより明確になります。

早めに投資を始めましょう

投資を始める時期が早ければ早いほどお金が増えるだけでなく、早くリタイアすることができるようになります（金銭的な目標にもよりますが）。

どのくらい早く始めるべきでしょうか？最初の仕事に就いたときです。小売業やレストランでテーブルを待つ仕事であるかどうかは関係ありません。今から将来のことを考

え、投資にお金を確保しておく習慣を身につけておくことで、一生働かなくても済むようになります。

人生の早い段階で投資の旅を始めることは、自分のお金がどのように成長していくかを見れるという利点もあり、さらに投資をする自信につながります。

インフレがあなたのお金を蝕む

株式市場への投資を控えているかもしれませんが、それがどれほどリスクが高く、どれほど多くの人がそれで大金を失ったかを聞いたことがあるので、避けることができます。

しかし、お金をマットレスの下や普通預金口座に入れておくことも、インフレのために非常にリスクが高いのです。

インフレとは、物価が上昇してお金の価値が下がることです。今日のチョコレートバーは1ドルかもしれませんが、来年は1.05ドルになるかもしれません。それは**購買力が低下**しているので、今日持っている同じドルは、将来的には価値がありません。

株式市場はお金がその購買力を維持するだけでなく、インフレよりも速くお金を成長させることができます。

研究を行う

良いだけではなく、株式市場でどのようなビジネスや企業に投資しているかを確認するため研究する必要があります。様々な株や債券、投資信託について知っておくべきことは、ほぼすべてインターネット上で無料で見つかります。私は株式市場の情報を得るためにお金を使いません。

最後は、詐欺やお金を失っていると長期的にはお金を失うことになる可能性があり、利益を作っていない会社に投資することです。これは、疑っていない投資家の多くに起こります。

研究を開始するのに必要なことは、投資のティッカーシンボルです。ティッカーシンボルは、株式市場での会社、投資信託、インデックスファンド、債券などの略称です。あとは、Morningstar.com のようなサイトを利用してリサーチしてみましょう。

自分なりのルールを作る

投資における良いルールは、境界線を与えてくれます。最初に研究を行うことなく、任意の会社に投資しないルールを持っている場合は、頭痛から解放されます。

誰もグレープバインを通して聞いたホットな株式のヒントで、あなたを騙すことはできません。多くの人が詐欺に遭い、騙されてしまうのです。

良いルールは、投資するときに自信を与えます。新しい株式や投資を購入するときに躊躇しているとき、余分なプッシュを与えてくれます。ルールに固執する青写真を与えてくれます。

簡単なルールから始めて投資の経験を積めば、より複雑なルールを追加することができます。

ルールの例。

私の投資ポートフォリオの 60%は株式で構成されます

私は過去 10 年間、少なくとも 5% の収益を上げることができた企業にのみ投資します。

毎年ポートフォリオのリバランスを行います。

人の言うことは聞かない

アドバイスを受ける人には注意しましょう。中には、特にメディアの中には、何に投資すべきかを教えるために金銭的なインセンティブを受けている人もいます。

また家族や友人が、最初に何のリサーチもせずに仕事場で「ホットな株のヒント」を聞いてしまった場合、悪い投資アドバイスを与えてしまう可能性もあります。

人気のある会社の話を聞いたからといって、あるいはその会社の商品を使っているからといって、それが良い投資になるとは限らないことを心に留めておきましょう。

株式市場の多くの企業は、決して利益を出すことはありません。株式市場でティッカーシンボル TSLA の下で取引されているテスラのような人気企業は、まだ利益を上げていません。それが収益の増加量をもたらしているにもかかわらず、その純利益はまだ赤字になっています。

常に自分自身を教育する

私はいつも自分に言い聞かせているのですが、投資のような話題で無学な人は、たぶん人に利用されてしまうでしょう。大手銀行の投資口座を開設するのは非常に簡単ですし、職場の退職金口座を開設するのも簡単です。しかし投資の選択肢が何であるか、何に投資するか、手数料の種類を知っておく必要があります。

手数料をケチってしまうと、投資の道のりで何千、何十万もの費用がかかってしまうことになりかねません。

また、株式、債券、投資信託、インデックスファンド、その他の投資がどのように機能するのか、基本的な理解を持っておく必要があります。以下の3つの例をご覧ください。

株式を購入するとき、あなたは会社の所有権を購入しています。アップルのような大企業は、数十億で発行済株式を持っています。だから、1つまたは2つの株式を購入するとき、会社の非常に小さな部分を所有しています。

債券は、企業や政府機関が債券を購入した後にあなたに与えるIOUsのようなものです。債券を購入するとき、元のお金を取り戻すだけでなく、頻繁に利息の支払いを受けることになる法的な契約に入ることになります。

投資信託は、さまざまな投資家のお金をプールし、さまざまな有価証券に投資するファンドです。

貯蓄を持つ

緊急時のために、常にある程度のお金を貯めておきましょう。すべてのお金を投資しないでください。投資したお金をすべて失う可能性があるというリスクが常にあります。

緊急時のために貯蓄したお金を持っていることを確認してください、住宅、娯楽/食品、あなた自身のビジネスを開始する、そして大学。

車が故障したり、事故に遭ったりして医療費がかさむ可能性があることを忘れないでください。決して準備することはできませんが、お金を脇に持っておくことができます。

投資先を分散させる

苦労して稼いだお金をすべて一つの会社に投資してはいけません。リスクテイカー（大きなリスク、大きな報酬のタイプ）でない限り、それは非常に危険です。

投資するお金は、1つの株式に投資したすべてのお金を持っていないことを意味し、分散されていることを確認してください。投資信託は良い解決策になるかもしれません。

投資信託は他の投資家と資金をプールして、様々な証券に投資することができます。

約10年か20年前、エンロンと呼ばれる会社がありましたが、その会社が収益と利益について嘘をついていたことが判明した後、倒産しました。エンロンの従業員の多くは、退職金をすべてこの会社に投資していました。エンロンが倒産したとき、多くの従業員が退職金を失ってしまいました。50代になって投資していたものが煙に巻かれてしまうことを想像してみてください。

分散が常に賢いやりかたです。

感情的にならないように

投資は文字通り感情のジェットコースターに乗ることができます。株式市場の毎日のアップとダウンリックスは、簡単に狂って行くことができます。この恐怖を克服するため

の一つの方法は、自信を持っているものに投資することです。

この自信は、知識、忍耐と時間が付属しています。投資はそれに関連付けられたリスクを持っており、お金を失う可能性があることを受け入れ、株式市場で起こっているのを見るかもしれないダウンスイングにも精神的に準備しておきます。

運と奇跡に頼ってはいけない

早く金持ちになるための方法として株式市場を見ているならば、失敗のために自分自身を設定していることになります。誤解しないでほしいのは、1万ドルを投資して何百万ドルにすることは可能だということです。

しかしこの投資戦略は非常にリスクが高く、ほとんどの人は裕福になるまでの時間が長く、ゆっくりとしたプロセスに精神的に対処できるようになっています。

すべてを失う可能性があると仮定する

全てを失うことができるなら、そもそもなぜ投資をするのか？私はこのヒントを追加した理由があります。まず第一に、株式市場ですべてのお金を持っていません。

若いときには、初期の損失から跳ね返すことができるので、より多くのリスクを取ることができます。しかし引退する年齢になったら、より保守的な証券に投資することを考えるべきです。

これらの有価証券の2つは、債券と年金です。

サイドビジネスを持つ

仕事やキャリア、投資の他に、追加のお金をもたらすために何をしていますか？今日の社会では雇用の安定性は常に低く、多くの人々は失業中または請求書を支払うためにパートタイムで働いています。

追加のお金の流れを持っていることがあなたの利益になります。余分なお金を稼ぐためにアルバイトもできますが、考えるべき主なものは、投資不動産、配当株、印税（例えば、本の販売から）、およびあなた自身のビジネスです。

写真撮影、描画、またはビデオ編集のような情熱を持っている場合は、サイドでいくつかのフリーランスの仕事を行うことができ、おそらくフルタイムのベンチャーにそれを回すことができます。常にチャンスに目を向けるようにしましょう。

始めるなら今が一番

私はいつも年配の方から、投資を始めるには年を取りすぎている、乗り遅れているという苦情を受けます。これは全く真実ではありません、あなたが 20 または 50 であるかどうかは問題ではありません、少額で始めた場合でも投資することは非常に重要です。

配当投資

ちょっとした秘密を教えてあげよう。私は配当金を支払う企業にのみ投資しており、その企業の配当金はインフレよりも速く増加します。

配当金は、会社が株主に支払う利益です。配当金を得るためには、配当金を支払う会社の少なくとも株式を 1 つ所有する必要があります。

これらの配当金は、時間をかけて私の富を増やすだけでなく、収入の安定したストリームのため私に安心感を与えてくれます。

配当を楽しむだけでなく、自分の株の価値が上がっていくのがわかります。今、私がこれらの銘柄を買うのは、彼らが市場価値の下で取引されていることを意味する**割安**なときだけです。

例。不動産所得、マクドナルド、TROWE 価格

成長投資

成長投資家は低価格で購入し、投資が成長するのを見るのが好きな投資家です。彼らは最終的に投資を買った時よりも高い価格で販売します。投資家の大半は成長投資家です。

テクノロジー株は、価値が非常に速く上昇する傾向があるため、注目すべき優良銘柄です。

例としては、フェイスブック、オラクル、マイクロソフトなどが挙げられます。

スモールスタート

私が耳にする不満の一つは、"100 万ドルさえあれば投資を始められるのに "と言われることです。

10 ドルから投資を始めることができるので、これは真実ではないだけでなく少額から始めることをお勧めします。

小さく始める最大の理由は、投資に慣れるためです。100 ドルだけの投資から始めて、自分のお金が常に上がったり

下がったりしているのを見ていると、毎日自分の投資成績を見ているのが楽しくなってきます。

また、より賢く投資するための自信と知識を身につけれるようになり、より大きな金額を投資できます。

では、反対側から見てみましょう。100万ドルを相続し、このお金を投資するという課題を抱えているとしましょう。いつももっとお金が必要だと自分に言い聞かせていたので、今まで投資をしたことがありませんでした。

何を推測してください、100万ドルを投資するにはあまりにも怖いでしょう。専門知識もノウハウもありません。

もし何年も少額の投資を始めて、突然100万ドルがあなたの膝の上に預けられたとしたら、この金額を投資する自信が持てるでしょう。

あなたの人生を生きる

株式市場にあなたの日常生活を制御させてはいけません。毎日の市場の上下動は、多くの投資家に影響を与えます。市場が最高値を更新しているときは、投資家は気分が良く、気分よく出勤し、すっきりとした気持ちで眠りにつきます。

しかし、市場が暴落すると多くの投資家は胃袋を蹴られたような気分になります。悲しくなったり、怒ったり、イライラしたり、非常に機嫌が悪くなったりします。

また、株式市場にお金をすべて投資し、引退したときに楽しい生活を送ることを自分に言い聞かせるように質素にならないでください。

休暇に行きたい、何かいいものを買いたいと思ったらそうしてください。

快適にこだわる

投資を行うさい、誰もが快適ゾーンを持っています。中にはリスクを冒す人もいれば、ペニー株やデイトレードに投資するのが良いと考える人もいます。他の投資家は、より保守的で、むしろリスクが少なく、富を維持できる証券に投資したいと考えています。

常に自分にとって快適なものにこだわりましょう。個別銘柄を分析して投資する銘柄を選ぶのが好きではないのであれば、投資信託やインデックスファンドに投資するのが良いでしょう。

むしろ自分で投資したくない人で、助けが必要な場合は完全な証券会社のサービスを提供している投資会社が、おそらく最善です。

ただ、一日の終わりにこれはあなたのお金であり、最終的に退職のために責任があるので、常に投資についての詳細を学ぶために自分自身をプッシュすることを確認してください。

楽しんでください

投資は非常に退屈で面白くないものになる可能性があると最初に言っておきます。中には企業を分析したり、財務数字を見たりするのが好きではない人もいます。

投資について最も好きなことを把握し、それに焦点を当ててみてください。

あなたのお金が成長していくのを見るのが好きなのかもしれませんし、配当金が毎月増えていくのを見るのが好きなのかもしれませんが、空売りやオプション取引などのお金を稼ぐ他の方法も好きかもしれません。何であれ、投資を楽しんでみてください。

技術を活かして

私たちは、ラップトップや携帯電話のような小さなデバイスを使って投資を購入したり、株の研究をすることができるのはとても幸運なことです。技術の進歩はまた、投資の購入を非常に手頃な価格で迅速なものにしました。

これは世界のどこにいても、株式を取引することができることを意味します。必要とするのは、インターネット接続です。

昔はブローカーを呼び出して、注文を入れるために非常に高い手数料を支払う必要がありました。最近では、Robinhood のように、手数料無料のアプリがあります。

また完全な証券会社のアカウントにサインアップする必要はありません。取引手数料が低い Ally.com のような割引ブローカーで行うことができます。

偉人の勉強

ウォーレン・バフェット、ベンジャミン・グラハム、チャーリー・マンガー？億万長者がどのようにして富を蓄え、それを維持するために何をしているのか、投資に関する本を必ず読むようにしましょう。

これを読めば、大金持ちがどのように考え、行動しているのかを知ることができます。また、ある人たちがどのようにして少額の現金を大きな富に変えたのかを知ることができます。誰もがぼろ儲け話が好きです。

投資に恋をしないでください

すべての投資は、あるべき姿でパフォーマンスを発揮していなければ売却されてしまいます。これは私のルールの一つです。私の個人的な感情を投資に出すことはありません。

家族や友人にディズニーやペプシの株を所有していることを伝えるのは楽しいですが、これらの株が儲からないと結局売ってしまいます。

そのため私は企業の財務（年次報告書）を分析して、その企業がまだ財務的に健全であるかどうかを確認したいと考えています。

何に投資しているのかを知る

誰かのアドバイスに従う前に、特にファイナンシャルプランナーから、何に投資しているかを確認してください。業界用語を使ってトピックについて教育を受けているように聞こえることで、無知な人しか利用できない詐欺師がたくさんいます。

投資信託やETFに投資している場合は、その企業のティッカーシンボルを取得して、投資している企業の研究をするようにしてください。

兵器会社や刑務所に投資することを好まない投資家もいますが、人気のあるインデックスファンドに投資している場合は、これらの機関にも投資している可能性が高くなります。また、倫理的に行動していない企業であっても、その企業に投資したいと思うでしょうか？

ルールを破る

自分のルールを作れと言ったばかりなのに、そのルールを破れと言っているのか？はい、ここに理由があります。投資戦略は常に試してみるべきです。ルールがあるのは良いことですが、破らなければならないかもしれません。

投資は楽しいものでなければなりませんが、堅苦しいルールに固執していると、すぐに退屈になってしまいます。コツはルールを破ることですが、小さなリスクを取ることです。

例えば、クリプトカレンシーへの投資を始めたいけど、リスクの高い証券には投資しないというルールがあるとします。

この投資でうまくいくだろうという直感を持っています。先に行って、少量のクリプトカレンシーを購入してください。この通貨を購入にポートフォリオの50％を費やす、ということはしないでください。

知識を共有する

株式市場への投資からある程度の知識を得て、自分の黄金律を手に入れ投資スキルに自信を持ったら、他の人と知識を共有しましょう。

家族や友人を投資に慣れさせるために教育することから始められます。

驚くべきことに投資に関する多くの誤解があり、多くの人が間違った株に投資して何度も火傷を負っています。通常人生に傷が付くと、彼らはもう投資に手を置くことはありません。

入ってくることができ、どのように投資して成功してきたかを彼らに示すことができる場所です。

私を信じて家族の一員を助け、彼らの財政的な将来を確保することができることは良い感じです。自分の投資経験を人に話すことで、同じ志を持った投資家と出会うことができ、投資スキルを次のレベルに引き上げることができます。

リソース

以下は、研究に使用できる無料のインターネットソースのリストです:

Morningstar.com

Gurufocus.com

StockCharts.com

Finviz.com

Finance.Yahoo.com

Google.com/Finance

無料版だけを利用しましょう。

第 10 章 残余留収入の考え方 （ボーナス章）

経済的自由にあなたを急上昇させる残余収入を作るための3 つの方法を見てみましょう。

仕事を辞めそれに値する生活を送るか、または単にしたいことをする多くの自由を持っているだけで死にそうならば、この章を好きになるでしょう。残余収入とは、受動的に発生する収入のことです。つまり仕事をしていなくても、寝ていてもお金入り続けます。

私は嘘をつくつもりはありませんし、残余収入のストリームのセットアップを取得するのは簡単ですが、それだけの価値があると言うつもりです。一度この残余収入のストリームのセットアップを持っているので、受動的にそれを維持するだけです。

オンラインビジネス

残余収入を作るための最初の方法は、オンラインビジネスを実行することです。これは、ブログを書いている間に広告でお金を稼ぐこともできますし、YouTube のチャンネルでお金を稼ぐこともできます。また、EC サイトを立ち上げたり、他社の商品を販売して手数料を得ることもできますが、これもアフィリエイトマーケティングと呼ばれています。

また、物理的な書籍、電子書籍、音楽や写真などを販売してロイヤリティチェックを受けることで残業収入を得る方法も人気があります。これらのアイデアでお金を稼ぐことができるにもかかわらず、オンラインビジネスは非常に人

気があり、人々はアイデアからお金のまともな量を作ることがいかに難しいかを過小評価しているので、競争が激しいです。

競争が激しいということは、オンライン市場が平凡な製品やサービスで溢れかえっているということでもあります。そのため、市場で最高の製品を持って登場しても、目立つことはできません。他のすべての平凡な製品の上に上昇し、自分の分野のリーダーになるために製品やサービスを宣伝したい方法を考えなければなりません。

私は単独で製品やサービスを持っているだけで仕事の半分であることを強調してみましょう。また、ソーシャルメディアマーケティング、PPCマーケティングや口コミマーケティングの口コミであるかどうか、広告によって可視性を得る必要があります。

競合分析を行い、競争相手が製品をプロモートしている方法を参照するのは良いことです。

オンラインビジネスのもう一つの問題は、長寿です。このビジネスの多くは、競争が市場のあなたを押し出すので、今日ここにいても明日なくなってしまうことになり、あなたの製品やサービスは陳腐化したか、または関連性の高い露出を得ることができない、技術や広告の変化に追いつくことができなくなります。だから、それを設定し忘れず、維持していきます。

受動的とみなされていないものは、私はリストの外に残しました。だから、フリーランスやコンサルタントは、物理的に存在している間だけ機能して、そうでない場合は支払

われることはありません。これでは、残余留収入を作るという目的を打ち破ることになります。

不動産

残業収入を得るための 2 つ目の方法は、不動産です。売買に手間がかかりすぎるので、家をひっくり返すという話ではありません。また受動的でもありません。

焦点は、キャッシュフローの収入のプロパティにする必要があります。すべての費用が純利益で出てきた後、という意味です。

あなたのテナントは、毎月家賃を支払っています。家賃の支払いで、あなたは住宅ローン（もしあれば）、住宅保険、税金、資本支出などを支払います。適切な場所を購入して、適切なプロパティマネージャーを雇い、数を増やすと安定した収入を得られます。

最初から一つの物件を購入するだけでは銀行を壊すことはありませんし、購入して住宅ローンを組めば組むほど借金が増えていきます。この借金の蓄積はまた、追加のローンの承認を得るためプロセスを妨げることになります。

これは、購入の資金調達で創造的に取得する必要があるときです。個人の貸し手またはポートフォリオの貸し手は、2 つのオプションを試す可能性があります。

家賃の支払いは、残余収入を生成することができ、より多くのプロパティを所有しているほど、残余収入は潜在的に高い可能性があります。

また、不動産を行うことに関連付けられている多くの税制上の利点があります。これは、急速に残余収入を作る方法ではありませんが、安定しておりプロパティの増加で成長していきます。多くの億万長者は不動産に彼らの富を借りており、また彼らに旅行や自分の上司になるための柔軟性と自由を与えています。

手始めに一戸建て、二世帯住宅、三世帯住宅、四世帯住宅を購入するのが良いでしょう。これらは、商業用不動産やアパートよりもかなり安く購入することができます。

住宅用不動産から始めることもできますし、スキルとお金が貯まったら、フランチャイズや商業用不動産に手を出してみるのもいいでしょう。

配当金を支払う株式

第三の方法と私の本を注視していれば、それが何であるかはわかっていますね：配当金を支払う株式を介して残余収入を作る。

株主への配当金として純利益の一部を支払う企業のグループがあります。しかし、これらの企業のすべてが投資する価値があるわけではありません。そのため、企業の業績を分析することを強くお勧めします。

配当金のために投資することの美しさは、インフレよりも速く成長するはずの残余収入の素晴らしいストリームを作成しているということです。企業は配当金を増加させ、常に右の配当銘柄を購入し、全体または部分的な株式を購入するために配当金を再投資することにより、配当収入をスーパーチャージします。

ただ使用している投資口座の種類に応じて、配当収入に税金を支払わなければならないことに留意してください。

多額のお金を持っている必要はありませんので、非常に簡単に始められます。配当金を支払う会社の株を1株買うだけで始めることができます。

地球上で最も裕福な個人の多くは、彼らのポートフォリオに配当金支払い企業を持っています。ウォーレン-バフェット、チャーリー-マンガー、さらにはビル-ゲイツのような男たち。

さて、残余収入を稼ぐ最後の2つの方法、不動産と投資、私はそれらを古いお金と呼びます。なぜなら、それらは富を生み出し維持するための柱であったからです。

オンラインビジネスは、しかしトリッキーなことができます。ある月には、多くのお金を稼ぐことができますが、次の月には全く逆の可能性があります。それをスマートかつ安全にプレイしたい場合は、収入源を多様化する必要がありますので、異なるソースから入ってくるお金を持つことになります。

第 11 章 おわりに

初心者として、株式市場に投資することは非常に困難なことですので、もしあなたが迷っていると感じた場合は、ハングアップしないでください。私もそうでしたし、多くの成功した投資家も、最初の株を買ったときにそう感じていました。信念を持って一歩踏み出せば、簡単になるでしょう。

また少額から投資を始めて、結果を見守るのが一番です。これは自信と前進するためのモチベーションを与えます。経験を積むと、計算したリスクを取ることができます。

いつものように、常に自分自身を教育する必要がありますが、そうでなければ間違いを犯すことになります。しかしここまで来たという単純な事実だけで、財政的な将来を改善するのに必要なことをしても構わないことを教えてくれます。

成功するために必要なものを持っていて、自信を持って将来を担うことができるのです。

ありがとうございました

この投資の旅に一緒に来てくれたことに 心の底から感謝したいと思います。多くの投資本がありますが、あなたはこの本にチャンスを与えようと決めました。

もしあなたがこの本を気に入ってくれたなら、私はあなたの助けを必要としています!

この本の正直なレビューを残してください。このフィードバックは、読者が読みたいと思っている本やトピックの種

類をよく理解させてくれますし、私の本の知名度を上げることにもつながります。

レビューを残すことは 1 分もかかりませんし、非常に感謝しています。

www.ingramcontent.com/pod-product-compliance
Lightning Source LLC
Chambersburg PA
CBHW071443210326
41597CB00020B/3919